LES
FRAGMENTS-HÉROÏQUES,
BALLET,

COMPOSÉ DE L'ACTE D'*OVIDE* ET *JULIE*,
DE CELUI *DU FEU*,
DES *ÉLÉMENTS*,
ET DE L'ACTE DES *SAUVAGES*;

REPRÉSENTÉS,

PAR L'ACADÉMIE-ROYALE
DE MUSIQUE,

Le Vendredi 16 Juillet 1773.

PRIX XXX. SOLS.

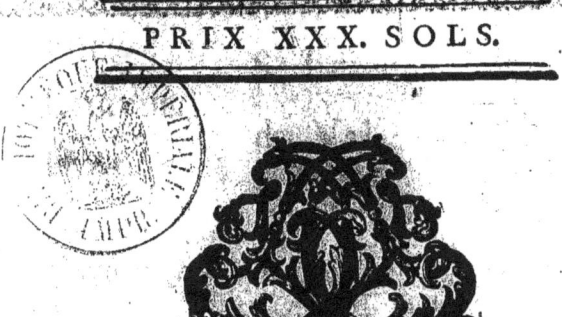

AUX DÉPENS DE L'ACADÉMIE.

A PARIS, Chés DELORMEL, Imprimeur de ladite Académie, rue du Foin, à l'Image Sainte Genevieve.

On trouvera des Exemplaires du Poeme à la Salle de l'Opera.

M. DCC. LXXIII.

AVEC APPROBATION ET PRIVILEGE DU ROI.

Le Poëme de l'Acte d'OVIDE & JULIE est de
FUZELIER.

La Musique est de M. **CARDONNE.**

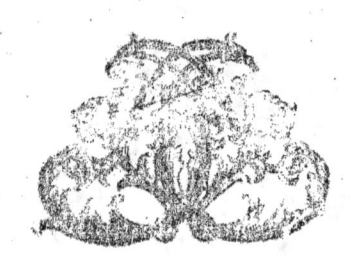

ACTEURS CHANTANTS
DANS LES CHŒURS.

CÔTÉ DU ROI.		CÔTÉ DE LA REINE.	
Mesdemoiselles.	*Messieurs.*	*Mesdemoiselles.*	*Messieurs.*
Girardin.	Cailteau.	le Bourgeois.	Larlat.
Garrus.	Héri.	d'Agée.	Vatelin.
	Lagier.	Chenais.	l'Écuyer.
la Guerre.	Van-Hecke.	de l'Or.	Tourcati.
de Laurette.	Martin.		Ghuiot.
	le Grand.	des Rosières.	Capoi.
Durand.		de Merei.	Moreau.
	Dessart.	Denis, l.	Méon.
Fontenet.	Boi.	S. Julien.	Beghaim.
Veron.	Laurent.		Cleret.
	Huet.	du Val.	Tacusset.
Renard.		Déjardins.	Baillon.
Rouxelin.	Itasse.		Desformeri.
	Parapt, c.		Fagnan.
	Jouve.		
	Lainez.		

ACTEURS CHANTANTS.

JULIE, *fille d'AUGUSTE*, M^{de}. l'Arrivée.

ALBINE, *confidente de JULIE*, Mlle. Beaumefnil.

OVIDE, M. le Gros.

PERSONNAGES DANSANTS.

HABITANTS de l'ILE de CHIPRE.

Mlle. ASSELIN.

M^{rs}. du Bois, Aubri, Cafter, le Doux, Guillet, Petit.

Mlles. d'Auvilliers, Ifoire, Jude, Auberte, Adrienne, St. Ouen.

SCITHES.

M. GARDEL.

M^{rs}. Trupti, Henri, du Chaîfne, Huart, Dangui, le Breton.

INDIENNES.

Mlle. PESLIN.

Mlles. Martin, Jonveau, du Bois, Felmé, des Gravières, du Bochet.

OVIDE ET JULIE,

BALLET EN UN ACTE.

XXXXXXXXXXXXXXX❂XX XXXXXXXXXXXX

Le théâtre repréſente les jardins du palais de Julie :
à l'un des côtés eſt un trône, qui lui eſt deſtiné.

✛✛✛✛✛✛✛✛✛✛✛✛✛✛✛✛✛✛✛✛✛✛✛✛✛✛✛✛

SCÈNE PREMIÈRE.

JULIE, ALBINE.

ALBINE.

CAchés votre triſteſſe extrême :
Tandis qu'Auguſte en paix gouverne l'univers,
Sa fille ne ſauroit regner ſur elle-même !
Rome, par d'aimables concerts,
Rappele la réjouiſſance
Du jour de votre naiſſance :
Préparés-vous aux jeux qui vous ſeront offerts ;
Feignés du moins.

OVIDE,

JULIE.

Ah! c'est trop me contraindre ;
Non, non, je ne saurois plus feindre :
Je veux connoître Ovide & pénétrer son cœur,
Je veux connoître enfin son heureuse Corine ;
C'est en vain qu'il s'obstine
A nous cacher toûjours l'objet de son ardeur.

ALBINE.

Craignés de découvrir votre secrette flâme.
Ah! deviés-vous la ressentir jamais ?

JULIE.

Dieux, quels reproches tu me fais !
Pour triompher de mon âme,
L'ingénieux Amour sut déguiser ses traits ?

L'Amour, charmé de me surprendre,
Sous le nom de l'estime, a trompé ma fierté :
En le reconnoissant, j'ai voulu m'en deffendre ;
Mon cœur étoit déja domté.

ALBINE.

Quelque soin que l'Amour prenne,
Quand il veut se déguiser,
On le reconnoît sans peine :
Ce dieu ne peut amuser

Qu'un cœur épris de sa chaîne,
Et qui cherche à s'abuser.

Quelque soin que l'Amour prenne,
Quand il veut se déguiser,
On le reconnoît sans peine.

JULIE.

Vole, descends des cieux, Amour, vainqueur charmant.

Par une nouvelle victoire,
Triomphe de l'objet qui cause mon tourment ;
Venge mon cœur, venge ta gloire !

Tu dois récompenser les plus tendres soûpirs ;
Et cependant, hélas ! dans un autre esclavage
Tu souffres l'amant qui m'engage !
Amour, fais changer ses désirs :
Pour cesser d'être ingrat, qu'il devienne volage.

Vole, descends des cieux, Amour, vainqueur charmant.

Par une nouvelle victoire,
Triomphe de l'objet qui cause mon tourment ;
Venge mon cœur, venge ta gloire !

ALBINE.

Souvenés-vous d'Auguste & que son trône un jour...

J U L I E.

Eh, comment oublïer l'objet de mon amour ?
Non, non ; ma flâme m'eſt trop chere.
Ovide eſt fait pour charmer :
Nous tenons de lui l'art d'aimer ;
Il ſait encor mieux l'art de plaire.
Ovide eſt fait pour charmer.

A L B I N E.

Il approche ; craignés de trahir votre flâme.

J U L I E, s'écartant.

Tâchons de découvrir le ſecret de ſon âme.

✶✶✶✶✶✶✶✶:✶✶✶✶✶✶.✶✶✶✶✶✶✶✶✶✶✶✶

S C E N E II.

O V I D E, ſeul.

Déguiſés-bien, mon cœur, le feu qui vous dévore;
Craignés que les échos n'apprennent vos ſoûpirs :
Et vous, volés, jeunes zéphirs ;
Annoncés dans ces lieux la beauté que j'adore.

Hélas! quand je la vois que mon ſort eſt heureux!
Sa préſence eſt le prix de mes tendres allarmes :
Admirer en ſecret ſes charmes
Eſt l'unique faveur que prétendent mes vœux.

Déguiſés-

LE FEU,

BALLET-HÉROÏQUE EN UN ACTE.

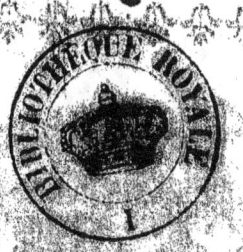

Le Poeme est de ROI.

La Musique est de DESTOUCHES.

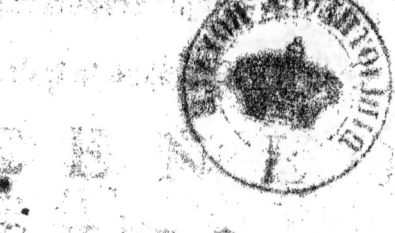

A

ACTEURS

ÉMILIE,	Mlle. du Plant.
VALERE,	M. l'Arrivée.
L'AMOUR,	Mlle. la Guerre.

CHŒUR DE PRÊTRESSES DE VESTA.

CHŒUR DE ROMAINS.

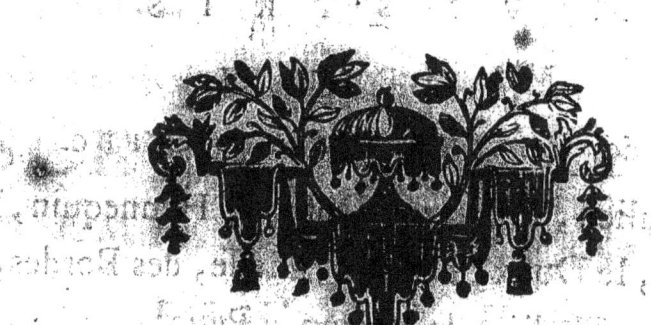

PERSONNAGES DANSANTS.

VESTALES.

Mlle. GUIMARD.

Mlles. JULIE, CLÉOPHILE.

Mlles. la Fond, Gertrude, du Mont, Lolotte, Henriette, le Monier, Belletour, Jude.

PEUPLES.

M. VESTRIS.

Mlle. HEINEL,

M. des PREAUX, Mlle. le CLERC.

Mrs. Beaulieu, le Fevre, Dossion, Hennequin, l., Giroux, le Doux, Dangui, Liesse, des Bordes, Pladix, le Breton, Petit.

Mlles. d'Elfevre, Thevenet, Adeline, du Bois, du Mesnil, le Hou, Felmé, des Gravières, St. Ouen, Murès, des Haies, de Nogentel.

LE FEU,

BALLET-HÉROÏQUE EN UN ACTE.

Le théâtre repréſente le veſtibule du temple de Veſta
&, au fond, le ſanctuaire, où eſt le feu ſacré.

SCÈNE PREMIÈRE.

ÉMILIE, PRÊTRESSES.

LE CHŒUR.

Flâme, que révere
Cet empire heureux,
De nos fiers ayeux
Tréſor tutélaire,
Rayon précieux
Du flambeau des cieux,
Nuit & jour éclaire
Et deffends ces lieux !

ÉMILIE.

Brillés dans ces beaux lieux, brillés flâme éternelle,
Gage de notre gloire, objet de notre zele.

Dès mes plus tendres ans asservie à vos loix,
    Sous son empire un autre dieu m'appelle;
L'Himen forme pour moi la chaîne la plus belle,
Et je sers vos autels pour la dernière fois.
Brillés dans ces beaux lieux, &c.

LE CHŒUR.

On vous doit la gloire,
Les jours des Césars;
Par vous, la victoire
Suit nos étendarts.

Unique esperance,
Source de bienfaits,
Versés l'abondance,
Donnés-nous la paix.

(On danse.)

ÉMILIE.

O Vesta, terrible déesse,
Tu veux qu'un trépas honteux
Soit la peine de la prêtresse,
Qui laisse éteindre tes feux.

(Aux

Déguisés-bien, mon cœur, le feu qui vous dévore;
Craignés que les échos n'apprennent vos soûpirs :
    Et vous, volés, jeunes zéphirs ;
Annoncés dans ces lieux la beauté que j'adore.

SCÊNE III.

OVIDE, JULIE.

JULIE.

VEnés-vous chercher dans ma cour
L'objet inconnu qui vous blesse ?

OVIDE.

C'est à notre auguste princesse
Que je dois seulement consacrer ce beau jour.

Je suis chargé des jeux que Rome vous apprête.

JULIE.

'Tandis qu'on prépare la fête
Voudrés-vous contenter un desir curïeux ?
Votre ardeur trop long-tems au silence s'obstine :
Apprenés-moi quelle est cette aimable Corine
    Que vous cachés à tous les yeux.

B

O V I D E.

Ah ! princeſſe, épargnés un amant déplorable.
Que lui demandés - vous ? o dieux !
Il eſt aſſés coupable.

Fidele au tendre Amour, j'ai publié ſes loix ;
J'ai ſecondé ſes doux exploits :
Par mes ſoins, plus d'un cœur rebelle
A Paphos offre ſon encens ;
Hélas ! une peine éternelle,
Des regrèts impuiſſants
Sont l'unique prix de mon zele.

J U L I E.

Vous me cachés le ſort de vos tendres deſirs :
Quelle beauté pourroit mépriſer les ſoûpirs
D'Ovide, amoureux & fidele ?

O V I D E.

La beauté que j'ôſe adorer
Ne ſait pas encor mes allarmes,
Et doit toûjours les ignorer.

J U L I E.

Pourquoi dérober à ſes charmes
Le ſeul tribut qui peut les honorer ?

De la beauté qu'on aime eſt-ce offenſer la gloire
　　Que de parler de ſon ardeur ?
　　Non ; chaque fois qu'on nomme ſon vainqueur
　　On renouvelle ſa victoire.

OVIDE.

Dieux ! quels combats vous me livrés !

JULIE.

Les beaux yeux que vous adorés
Sont trahis par votre ſilence.
　　Que ſervent à leur puiſſance
　　Des triomphes ignorés ?

OVIDE.

Ils font, à chaque inſtant, cent conquêtes plus belles.
De cet objet divin tout reſſent le pouvoir ;
On éprouve, en l'aimant, que tous les cœurs fideles
　　Ne doivent pas leur conſtance à l'eſpoir.

La grandeur de ſon rang reçoit plus d'un hommage,
Qu'on n'ôſe, qu'en ſecret, offrir à ſes appas ;
Mille amours déguiſés, qui volent ſur ſes pas,
Du timide reſpect empruntent le langage...

JULIE.

Ah ! ne me cachés plus le nœud qui vous engage,
Nommés-moi la beauté qui vous a ſu charmer.

O V I D E.

Vous peindre ſes attraits, n'eſt-ce pas la nommer?

J U L I E.

Vous me déguiſés bien ce que je veux apprendre!
Je ne prétends pas vous gêner.

O V I D E.

Vous feignés vainement de ne me pas comprendre.
Quel ſuplice à mon crime allés-vous ordonner?

J U L I E.

Feindre de ne le pas entendre,
N'eſt-ce pas vous le pardonner?

Je ſais quelle eſt votre Corine.
Par des ſoûpirs diſcrèts prouvés-lui votre ardeur;
Je me charge du ſoin d'inſtruire votre cœur
Du prix que le ſien vous deſtine.

O V I D E.

Ah! que mon ſort & glorïeux!

(*On entend un prélude, qui annonce le
divertiſſement.*)

B ij

JULIE.

Contraignés les tranſports que vous faites paroître.
Cachés toûjours Corine à tous les yeux,
Je prétends ſeule la connoître.

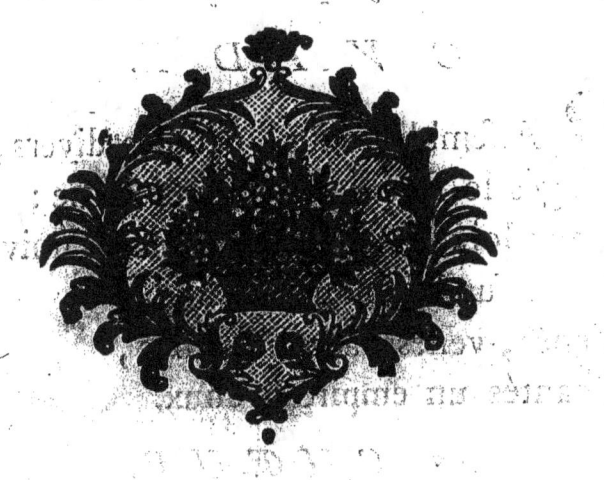

✳✳✳✳✳✳✳✳✳:✳✳✳✳✳✳✳✳✳✳✳✳✳✳✳:✳✳✳✳✳✳✳

SCÊNE IV.

JULIE, ALBINE, OVIDE, *suite de la princeſſe*, HABITANTS *de l'iſle de Chipre*, INDIENS, SCITHES.

(*JULIE va ſe placer ſur le trône.*)

OVIDE.

Raſſemblés-vous, peuples divers,
Qui partagés le ſort de l'heureuſe Italie ;
Si Mars aux loix d'Auguſte a ſoûmis l'univers,
L'Amour le ſoûmet à Julie.
Venés, venés, accourés tous,
Chantés un empire ſi doux.

LE CHŒUR.

Que le nom de notre princeſſe
Vole auſſi loin que les amours.
Ses charmes triomphent ſans-ceſſe,
Il faut les célebrer toûjours.
Que le nom de notre princeſſe
Vole auſſi loin que les amours.

(*On danſe.*)

ALBINE , seule , & le CHŒUR ensuite.

Tout ravit, tout enchante
Dans cet heureux séjour,
La nature riante
Offre le plus beau jour.
De Julie est-ce la fête
Qu'on apprête,
Ou celle de l'Amour ?

La verdure,
Le murmure
Des ruisseaux
Cet ombrage,
Le ramage
Des oiseaux.

Tout ravit, &c.

Ces perles de l'Aurore,
La fraîcheur des zéphirs
Les doux parfums de Flore
Tout invite aux plaisirs.

Tout ravit, &c.

(*On danse.*)

OVIDE.

Chantons l'aimable enfant
Qu'on adore à Cithere :
De tous les dieux il est le plus puissant ;
Lui seul fait trïompher, sans allarmer la terre.

Quand Jupiter veut deffendre ses droits,
Il lui faut les éclats & les feux du tonnerre ;
Mars ne peut d'un laurier disposer à son choix,
Sans faire étinceller son glaïve sanguinaire :
L'Amour, plus sûr de ses exploits,
Pour soûmettre à ses loix,
N'a besoin que des yeux d'une simple bergere.

Chantons l'aimable enfant
Qu'on adore à Cithere :
De tous les dieux il est le plus puissant ;
Lui seul fait trïompher, sans allarmer la terre.

(*Un divertissement général termine cet acte.*)

FIN DU PREMIER ACTE.

LA

LES
SAUVAGES,
BALLET EN UN ACTE.

Le Poeme est de F U Z E L I E R.

La Musique est de R A M E A U.

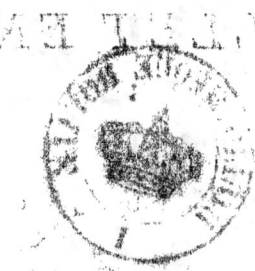

E ij

ACTEURS CHANTANTS.

DAMON, *officier françois d'une colonie dans l'Amérique,* M. Tirot.

DOM-ALVAR, *officier espagnol d'une colonie dans l'Amérique,* M. Gélin.

ZIMA, *fille d'un chef d'une nation sauvage,* Mlle. Rofalie.

ADARIO, *amant de* ZIMA, *commandant les guerriers de la nation sauvage,* M. Durand.

SAUVAGES & SAUVAGESSES, GUERRIERS FRANÇOIS, AMAZONES FRANÇOISES.

PERSONNAGES DANSANTS.

SAUVAGES & SAUVAGESSES.

M. GARDEL.
M. D'AUBERVAL.

M^{rs}. du Bois, Doffion, Cafter, le Doux, Guillet, Petit.

Mlle. ALLARD.

Mlles. du Mefnil, Ifoire, d'Auvilliers, Auberte, Adrienne, St. Ouen.

OFFICIERS FRANÇAIS.

M. des PREAUX.

M^{rs}. Trupti, Henri, du Chaîne, le Breton, Huart, Dangui.

AMAZÔNES FRANÇAISES.

Mlle. LECLERC.

Mlles. Martin, Jonveau, du Bois, Felmé, des Gravières, des Champs.

LES SAUVAGES.

Le théâtre représente un bosquet d'une forêt de l'A-mérique, voisine des colonies françoises & espa-gnoles, où doit se célébrer la cérémonie du grand Calumet de paix.

SCÈNE PREMIÈRE.

(On entend les fanfares des trompettes françaises.)

A D A R I O , seul.

NOS guerriers, par mon ordre, unis à nos vain-
    queurs,
  Vont ici de la paix célébrer les douceurs;
Mon cœur seul dans ces lieux trouve encor des
    allarmes :
J'y vois deux étrangers, illustres par les armes,
    Épris de l'objet de mes vœux;

Je crains leurs foûpirs dangereux,
Et que leur fort brillant pour Zima n'ait des charmes

Rivaux de mes exploits, rivaux de mes amours,
Hélas ! dois-je toûjours
Vous céder la victoire !

Ne paroiſſés-vous dans nos bois
Que pour triompher à la fois
De ma tendreſſe & de ma gloire ?

Rivaux de mes exploits, rivaux de mes amours,
Hélas ! dois-je toûjours
Vous céder la victoire ?

(*Les appercevant.*)

Ciel ! ils cherchent Zima ... pourroit-elle changer ?
Cachons-nous ; apprenons ce que je dois en croire ;
Sachons & ſi je dois, & ſur qui me venger. *

(* ADARIO ſe cache à l'entrée du
bois, & les obſerve.)

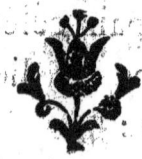

SCÊNE

(*Aux* P R E T R E S S E S.)

Que vos foins affidus préviennent fa vengeance,
Que vos fideles cœurs attirent fes bienfaits :
Un nœud mifterïeux enchaîne pour-jamais
  Ses honneurs & notre puiffance.

      (*On danfe.*)

  É M I L I E , *à fa fuite.*

Allés : tant que la nuit obfcurcira les airs ,
Sur le dépôt facré j'aurai les yeux ouverts.

SCÉNE II.

É M I L I E , *feule.*

Amour, de mon bonheur affure le préfage ,
Et d'un fonge importun viens effacer l'image.

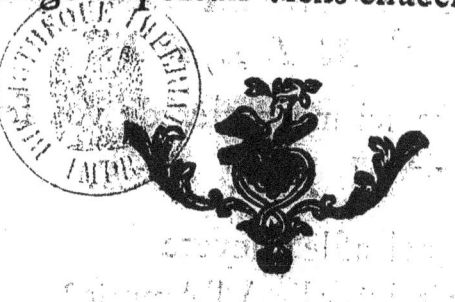

Bb

SCÊNE III.

ÉMILIE, VALERE.

ÉMILIE.

AH, Valere, quel tems vous préfente à mes yeux!
Un mortel ôfe-t-il pénétrer dans ces lieux?

VALERE.

Ma flâme impatïente
A vaincu tout obftacle : eft-ce un crime pour moi;
Eft-ce offenfer le Ciel, garent de votre foi?

L'Amour va combler mon attente ;
Bientôt l'aurore naiffante
Me voit l'heureux rival des dieux :
Que je life du moins mon bonheur dans vos yeux ;
Ne me refufés pas un regard qui m'enchante.

ÉMILIE.

Ah, devés-vous ici me parler de vos feux?

VALERE.

Quel afile fi fevere
Eft interdit à l'Amour?
Dans quel temple ce dieu ne fe fait-il pas jour?
Il eft le fouverain des dieux qu'on y révere.

Vos beaux yeux font baignés de pleurs !
Eh , qui les fait coûler ?

ÉMILIE.

Hélas ! j'ai tout à craindre ;
Le ciel à notre himen préfage mille horreurs.

VALERE.

Ah , vous ne m'aimés plus !

ÉMILIE.

Je ferois moins à plaindre ;
Apprenés donc tous nos malheurs.

Les voiles de la nuit commençoient à s'étendre ,
Un fonge , trop flatteur , vous offroit à mes yeux ;
Je vous parlois ; jamais mon cœur ne fut plus tendre !
Quand de triftes clameurs ont monté jufqu'aux cieux.
J'ai vu Vefta ; fa voix a glacé mon courage ;
Le temple en a tremblé... du milieu d'un nüage ,
Des feux étincelants ont éclaté fur nous ,
Au moment que la mort me féparoit de vous.

VALERE.

Reprenés l'efperance ;
Nos feux feront victorïeux :
Et j'en ai pour garents les dieux ,
Vos attraits & ma conftance.

B b ij

ÉMILIE.

Jufques au jour naiſſant abandonnés ces lieux :
Je vais de mes devoirs remplir la loi ſuprême ;
Je dois veiller ici.

VALERE.

            L'Amour veille pour nous.

ÉMILIE.

Ce ſont mes derniers ſoins ; les dieux en ſont jaloux,
Je retourne à l'autel.

VALERE.

            Vous fuyés qui vous aime ?

ÉMILIE.

       A mon bonheur je m'arrache moi-même ;
Je porte à la déeſſe un cœur trop plein de vous.

VALERE.

L'abſence d'un moment m'eſt un ſupplice extrême.

SCÈNE IV.

Le théâtre s'obscurcit par l'extinction du feu sacré,
& la clarté cede à la nuit.

VALERE, ÉMILIE, Chœur de Prêtresses.

LE *CHŒUR.*

QUel bruit affreux! quel présage effroyable!
O sort cruël! o prêtresse coupable!

VALERE.

De quels funestes cris retentissent ces lieux?

SCÈNE V.

ÉMILIE, VALERE.

ÉMILIE.

QU'ai-je fait? quelle horreur!... Tonnés, frap-
pés, grands Dieux:
Sur moi seule épuisés votre haîne implacable!

VALERE.

Qu'avés-vous, Émilie? & quel trouble confus...

ÉMILIE.

Je tremble, je frémis; le feu sacré n'est plus!
J'entends déja la foudre menaçante,,

Les prêtres, le sénat, les peuples en fureur;
L'on creufe mon tombeau, l'on m'y traîne vivante,
Et d'une lente mort j'y vais fubir l'horreur.

VALERE.

Ah! périffe plûtôt ce peuple & fa puiffance;
Périffent mille fois
Les aveugles auteurs de ces barbares loix,
Qui des fautes du fort accâblent l'innocence!
Je vous verrois mourir! Impitoyables dieux,
Ah, fi des feux fi purs arment votre vengeance,
Qui donc eft innocent, ou coupable à vos yeux!

ÉMILIE.

Ne faites point aux dieux un reproche inutile.

VALERE.

Fuyons de ces triftes lieux,
Suivés qui vous adore...

ÉMILIE.

Où fera notre afile?
Non, non, laiffés-moi feule attendre le trépas;
Ici votre préfence offenfe trop ma gloire,
Et vos efforts ne me fauveroient pas.
Adieu, confervés ma mémoire;
Je pardonne au ciel en couroux,
S'il ajoûte à vos jours ceux que je perds pour vous.

ENSEMBLE.

Ciel implacable, que j'implore,
Frappe, lance tes traits, termine mes malheurs;
Non, non, fais fur moi {feul / feule} éclater tes rigueurs,
Épargne l'objet que j'adore !

Mais quel éclat fe répand dans ces lieux ?
C'eft l'Amour, qui defcend des cieux.

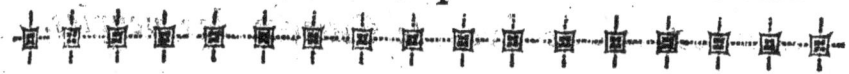

SCÈNE VI.

(L'Amour, un flambeau à la main, defcend fur
un nuage, & rallume le feu facré.)

L'AMOUR, ÉMILIE, VALERE.

L'AMOUR.

MOn flambeau fur l'autel fait revivre la flâme;
Les maux que fait l'Amour, il fait les réparer.
Vivés, belle Émilie, & raffurés votre âme;
C'eft votre himen que je viens éclairer.

ÉMILIE & VALERE.

Tu fléchis les deftins contraires,
Amour, ah! qu'à ce prix nos peines nous font cheres !

L'AMOUR.

Venés, Peuples, venés célébrés ce beau jour:
L'himen d'une veftale a fondé votre empire;

Une autre y fait briller le flambeau de l'Amour:
Chantés, ouvrés vos cœurs aux tranſports que
j'inſpire.

(Les peuples entrent pour mener la veſtale hors
du temple.)

(On danſe.)

V A L E R E ,

alternativement avec le CHŒUR *des peuples.*

Lancés, charmant Amour, lancés vos traits vainqueurs,

Sans mélange de peines :

Le ſeul penchant unit $\begin{cases} \text{nos} \\ \text{leurs} \end{cases}$ cœurs ;

Le bonheur reſſerre $\begin{cases} \text{nos} \\ \text{leurs} \end{cases}$ chaînes.

(Un Ballet général termine cet Acte.)

FIN DU SECOND ACTE.

SCÈNE II.

DAMON, *officier de la colonie françoise;*
DOM ALVAR, *officier de la colonie espagnole;*
ADARIO, *caché.*

ALVAR.

Damon, quelle vaine esperance
Sur les pas de Zima vous attache aujourd'hui?
Vous outragés l'Amour, & vous comptés sur lui !
Croyés-vous ses faveurs le prix de l'inconstance ?

DAMON.

L'inconstance ne doit blesser
Que les attraits qu'elle abandonne ;
Non, le fils de Vénus ne peut pas s'offenser
Lorsque nous recevons tous les traits qu'il nousdonne.
Un cœur, qui change chaque jour,
Chaque jour fait pour lui des conquêtes nouvelles ;
Les fideles amants font la gloire des belles ,
Mais les amants légers font celle de l'Amour.
Dans ces lieux fortunés , c'est ainsi que l'on pense;
De la tirannique constance,
Les cœurs n'y suivent point les loix.

ALVAR, *appercevant ZIMA.*

Tout les prescrit au mien, c'est Zima que je vois.

F

SCÊNE III.

ZIMA, DAMON, ALVAR, ADARIO, *caché*.
ALVAR, à ZIMA.

NE puis-je vous fléchir par ma perséverance ?
DAMON, à ZIMA.

Ne vous lâffés-vous point de votre indifference ?
ZIMA.

Vous afpirés tous deux à mériter mon choix ;
Apprenés quel amour fait plaire dans nos bois.

Nous fuivons fur nos bords l'innocente nature,
Et nous n'aimons que d'un amour fans art.

Notre bouche & nos yeux ignorent l'impofture ;
Sous cette riante verdure,
S'il éclate un foûpir, s'il échappe un regard,
C'eft du cœur qu'il part.

Nous fuivons fur nos bords l'innocente nature,
Et nous n'aimons que d'un amour fans art.

ALVAR ET DAMON.

Vous décidés pour moi ; j'obtiens votre fuffrage ;
Ah, quel heureux inftant !

ALVAR.

La nature, qui feule attire votre hommage,
  Nous dit qu'il faut être conftant...

DAMON.

Elle prouve à nos yeux qu'il faut être volage.

  La terre, les cieux & les mers,
Nous offrent, tour-à-tour, cent fpectacles divers;
Les plus beaux jours entre eux ont de la difference;
  N'eft-il deffendu qu'à nos cœurs
   De goûter les douceurs
  Que verfe par tout l'inconftance?

(à ZIMA.)

Voilà vos fentiments : dans vos fages climats
  L'inconftance n'eft point un crime.

ZIMA.

Non ; mais vous oubliés, ou vous ne favés pas
Dans quel tems l'inconftance eft pour nous légitime.
Le cœur change à fon gré dans cet heureux féjour;
  Parmi nos amants c'eft l'ufage
  De ne pas contraindre l'amour ;
  Mais, dès que l'himen nous engage,
Le cœur ne change plus dans cet heureux féjour.

ALVAR, montrant DAMON.

L'habitant des bords de la Seine
N'eſt jamais moins arrêté
Que lorſque l'himen l'enchaîne ;
Il ſe fait un honneur de ſa légereté ;
Et pour l'épouſe la plus belle
Il rougiroit d'être fidele.

DAMON, montrant ALVAR.

Les époux les plus ſoupçonneux,
Du Tage habitent les rives :
Là , mille beautés plaintives,
Reçoivent de l'himen des fers , & non des nœuds ;
Vous ne voyés jamais autour de ſes captives,
Voltiger les ris & les jeux.

Belle Zima, craignés un ſi triſte eſclavage.

ALVAR, à ZIMA.

Cédés , cédés enfin à mes ſoins emprèſſés.

ZIMA.

Je ne veux d'un époux ni jaloux , ni volage.

(*à l'ESPAGNOL.*) (*au FRANÇAIS.*)
Vous aimés trop : & vous , vous n'aimés pas aſſés.

SCÈNE IV.

ZIMA, DAMON, ALVAR, ADARIO, *fortant du bois, avec vivacité :* ZIMA, *charmée de fon tranfport, lui préfente la main.*

ALVAR, *les appercevant.*

Que vois-je !

ZIMA.

C'eft l'amant que mon cœur vous préfere.

ALVAR, *à* ZIMA.

Vous ôfés prononcer un arrêt fi fatal !

ZIMA.

Dans nos forêts on eft fincere.

ALVAR, *montrant* ADARIO.

Je faurai m'immoler un odïeux rival.

ADARIO, *fièrement à* ALVAR.

Je craignois ton amour, je crains peu ta colere.

ALVAR, *l'approchant.*

C'en eft trop.

DAMON, *arrêtant* ALVAR.

Arrêtés.

ALVAR, *surpris.*

Damon, y penfés-vous ?
Quoi, c'eft vous qui prenés contre moi fa deffenfe !

DAMON, *à* ALVAR.

J'ai trop protégé l'inconftance
Pour ne pas m'oppôfer à l'injufte couroux,
Qui vous eft infpiré par la perféverance.

(*On entend un prélude qui annonce la fête.*)

Déjà, dans les bois d'alentour,
J'entends de nos guerriers les bruyantes trompettes,
Leurs fons n'effrayent plus ces aimables retraites ;
Des charmes de la paix ils marquent le retour.

(*à* ALVAR.)

A vos triftes regrets dérobés ce beau jour ;
Que le plaifir avec nous vous arrête.

ALVAR, *en s'éloignant.*

Hélas, je vais cacher un malheureux amour !

DAMON, *le fuivant.*

Venés plutôt l'amufer à la fête.

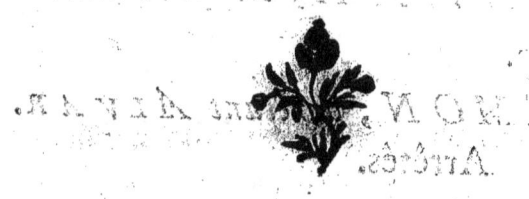

SCÈNE V.

ADARIO, ZIMA.

ADARIO.

JE ne vous peindrai point les transports de mon
  cœur,
  Belle Zima ; jugés-en par le vôtre :
  En comblant mon bonheur,
  Vous montrés qu'une égale ardeur
  Nous enflâme l'un & l'autre.

ZIMA.

De l'amour le plus tendre éprouvés la douceur ;
  Je vous dois la préference ;
De vous à vos rivaux je vois la difference :
  L'un s'abandonne à la fureur,
Et l'autre perd mon cœur avec indifference ;
Nous ignorons ce calme & cette violence.
Sur nos bords l'Amour vole & prévient nos desirs.

  Dans notre paisible retraite
On n'entend murmurer que l'onde & les zéphirs ;
  Jamais l'écho n'y répete
  De regrets ni de soûpirs.
Sur nos bords l'Amour vole & prévient nos desirs.

ADARIO.

Viens, Himen, hâte-toi, suis l'Amour, qui t'appele.

ENSEMBLE.

Himen, viens nous unir d'une chaîne éternelle ;
Viens encor de la paix embellir les beaux jours.
Je te promèts d'être fidele ;
Tu sais nou scaptiver & nous plaire toûjours.

SCÈNE VI.

ZIMA, ADARIO, FRANÇOISES, *en habits d'amazônes ;* GUERRIERS FRANÇOIS, SAUVAGES & SAUVAGESSES.

ADARIO, aux sauvages.

Bannissons les tristes allarmes,
Nos vainqueurs nous rendent la paix :
Partageons leurs plaisirs, ne craignons plus leurs armes ;
Sur nos tranquilles bords qu'Amour seul à-jamais
Fasse briller ses feux, vienne lancer ses traits.

CHŒUR des Sauvages.

Bannissons les tristes allarmes, &c.

(*Danse*

(Danse du grand Calumet de paix, exécutée
par les sauvages.)

ZIMA et ADARIO.

Forêts paisibles,
Jamais un vain desir ne trouble ici nos cœurs :
S'ils sont sensibles,
Fortune, ce n'est pas au prix de tes faveurs.

CHŒUR des sauvages.

Forêts paisibles, &c.

ZIMA et ADARIO.

Dans nos retraites,
Grandeur, ne viens jamais
Offrir tes faux attraits :
Ciel, tu les as faites
Pour l'innocence & pour la paix.

CHŒUR des sauvages.

Forêts paisibles, &c.

ZIMA et ADARIO.

Jouissons dans nos asiles,
Jouissons des biens tranquilles :
Ah ! peut-on être heureux
Quand on forme d'autres vœux ?

CHŒUR des sauvages.

Forêts paisibles, &c.

(Danse des françaises en amazônes.)

G

Z I M A.

Regnés, plaifirs & jeux; triomphés dans nos bois:
Nous n'y connoiſſons que vos loix.
Tout ce qui bleſſe
La tendreſſe
Eſt ignoré dans nos ardeurs.
La nature, qui fit nos cœurs,
Prend ſoin de les guider ſans-ceſſe.

Regnés, plaifirs & jeux; triomphés dans nos bois:
Nous n'y connoiſſons que vos loix.

(Un divertiſſement général termine le ſpectacle.)

F I N.

A P P R O B A T I O N.

J'Ai lu, par l'ordre de Monſeigneur le Chancelier, les *Fragments - Héroïques*, Ballet, compoſé de l'Acte d'*Ovide* & *Julie*, de celui du *Feu*, des *Élements*, & de l'Acte des *Sauvages*: je crois qu'on peut en permettre l'impreſſion. A Paris ce 29 Juin 1773.

MARIN.

www.ingramcontent.com/pod-product-compliance
Lightning Source LLC
Chambersburg PA
CBHW030114230526
45469CB00005B/1635